Sachbücher von Janvier T. Chando

IKONEN UND BÖSEWICHTE: Jüngste Politische Attentate…
GEFALLENE HELDEN: Afrikanische Führer, deren Attentate...
UKRAINE: Das Tauziehen zwischen Russland und dem Westen
KAMERUN: Frankreichs Dysfunktionales Marionetten System in Afrika
KAMERUN: Das Heimgesuchte Herz Afrikas

Fiktionstitel von Janvier Chando

Der Usurpator: und andere Geschichten
Triple Agent, Doppel Kreuz
Jünger des Vermögen
Der Union Muzhik
Blitz der Sonne
Vermögen Ruft
Meister des Vermögen
Kinder des Vermögen
Großmütter und Perfekte Liebe
Verliebt Sein und Weise Sein
Die Feuer und Eis Legende
Der Süßeste Wahnsinn
Das Hunger Feuer
Die Schatten des Feuers
Vater und Söhne
Der Arzt
Dunkle Schatten
Schicksalhafte Krawatten
Das Urteil des Hades
Prozess Gegen Seine Majestät
Ngokos Torheit
Der Usurpator
Die Mitgift
Ich bin Gehasst
Der Lümmel

Kommende Titel von Janvier Chando

Die Heimdrifter
Der Weiße Falke
Die Norilsk Bären
Sterbliche Freunde

SOGAR SEINE FEINDE WEINTEN:

Die Ermordung von Jitzchak Rabin aus Israel

Janvier T. Chando

TISI BOOKS

NEW YORK, RALEIGH, LONDON, AMSTERDAM

VERÖFFENTLICHT VON TISI BOOKS
www.tisibooks.com

ISBN-13: 979-8-74-373600-3
ISBN-10: 8-74-373600-9

VERÖFFENTLICHT VON TISI BOOKS
www.tisibooks.com

NEW YORK, RALEIGH, LONDON, AMSTERDAM

Gedruckt in den Vereinigten Staaten von Amerika

Anerkennung

Besondere Worte der Wertschätzung an Christopher N. Chando und Tante Anna Mapajane Chitja für das Öffnen der Tür und geben Einblick in die komplizierte Natur derArabischen- Israeli quagmire.

Widmung

Das Buch ist allen berühmten und legendären Führungspersönlichkeiten Afrikas gewidmet, deren Ziel es war, ihrem Volk und der Welt zu dienen und das Wohlergehen der Menschheit zu fördern, besonders diejenigen, die ihre historischen Missionen nicht verwirklichen konnten, weil die bösen Mächte dieser Welt sie töteten.

SOGAR SEINE FEINDE WEINTEN:

Die Ermordung von Jitzchak Rabin aus Israel

Zitate von Jitzchak Rabin

„Du machst keinen Frieden mit Freunden. Du machst es mit sehr unappetitlichen Feinden."

„Wir müssen anders denken, die Dinge anders betrachten. Frieden erfordert eine Welt neuer Konzepte, neuer Definitionen."

„Von allen Händen in der Welt war es nicht die Hand, die ich wollte oder träumte zu berühren, ... Wir, die Soldaten, die aus dem blutbefleckten Kampf zurückgekehrt sind;
wir, die wir gesehen haben, wie unsere Verwandten und Freunde vor unseren Augen getötet wurden; wir, die wir an ihren Beerdigungen teilgenommen haben und nicht in die Augen ihrer Eltern schauen können; Wir, die wir aus einem Land gekommen sind, in dem Eltern ihre Kinder begraben; wir, die wir gegen Sie gekämpft haben, die Palästinenser - wir sagen Ihnen heute mit lauter und klarer Stimme: Genug von Blut und Tränen. Genug... Die Zeit des Friedens ist gekommen."

„Genug von Blut und Tränen. Genug!"

„Ein diplomatischer Frieden ist noch nicht der wirkliche Frieden. Es ist ein wesentlicher Schritt im Friedensprozess, der zu einem echten Frieden führt."

„Es gibt keine Möglichkeit, den Mittelweg zu finden, selbst mit den besten Absichten der Welt. Unsere vernünftigste Politik ist es, ins Stocken zu geraten.“

„Ich betrachtete die Kriegsprävention als Test unserer Sicherheitspolitik; Zusätzlich dazu, dass wir jeden Krieg, der uns aufgezwungen wurde, schnell und gewaltsam beenden können.“

„Ich glaube jedoch, dass Frieden unabhängig von der Mentalität, Gesellschaft oder Regierung der Araber erreichbar ist.“

„Wir müssen ein Jahr in unserer Beziehung zu den Vereinigten Staaten durch Gehen auf Zehenspitzen zu gehen. Wenn wir das Jahr 1975 erfolgreich bestehen und 1976 erreichen werden, werden wir nicht ein Jahr, sondern zwei gewinnen.“

„Israel hat ein wichtiges Prinzip: Nur Israel ist für unsere Sicherheit verantwortlich.“

„Ich möchte, dass Gaza im Meer versinkt, aber das wird nicht passieren, und es muss eine Lösung gefunden werden.“

„Kein Arabischer Herrscher wird den Friedensprozess ernsthaft betrachten, solange er in der Lage ist, mit der Idee zu spielen, mehr durch Gewalt zu erreichen.“

„Wir werden nicht ruhen, bis wir eine dauerhafte Vereinbarung [mit den Palästinensern] erzielen, die eine sichere Zukunft für unsere Kinder sichern würde und die uns neue Hoffnung geben würde, in einer Region zu leben, in der die Menschen ein Leben der Zusammenarbeit führen und nicht, Gott bewahre es, wo Blut vergossen wird.“

„[Die Palästinenser] waren in der Vergangenheit und in der Gegenwart keine existenzielle Bedrohung für den Staat Israel.“

„Es gibt nur ein radikales Mittel, um Menschenleben zu heiligen. Keine gepanzerte Beschichtung oder Panzer oder Flugzeuge oder Betonbefestigungen. Die einzige radikale Lösung ist der Frieden.“

„Es ist das Papier nicht wert, auf dem es geschrieben ist, es sei denn, es wird durch die Art von kraft unterstützt, die die andere Seite dazu bringt, die Strafen als zu schwer zu betrachten, um die Vereinbarung zu brechen.“

„Wir waren alle überrascht, wie reibungslos es im Vergleich zu den Erwartungen verlief. Die Israelische Gesellschaft brauchte 10 Jahre, um für einen solchen Schritt reif zu werden.“

„Ich glaube, dass es meine Verantwortung als Premierminister Israels ist, alles zu tun, um die einzigartigen Möglichkeiten zu nutzen, die vor uns liegen, um in Richtung Frieden zu gelangen. Nicht alles Kann mit einem Akt getan werden.“

"[Die Palästinenser] stellten in der Vergangenheit nicht und stellen in der Gegenwart keine existenzielle Bedrohung für den Staat Israel dar."

"Es gibt nur ein radikales Mittel, menschenvernichtet zu werden. Keine gepanzerte Beschichtung, panzer, oder Flugzeuge oder Betonbefestigungen. Die einzige radikale Lösung ist der Frieden."

"Es lohnt sich nicht, das Papier, auf dem es steht, zu schreiben, es sei denn, es wird durch die Art von Gewalt gestützt, die die andere Seite dazu bringen wird, die Strafen für zu schwer zu halten, um das Abkommen zu brechen."

"Wir waren alle überrascht, wie glatt es ging, im Vergleich zu dem, was erwartet wurde. Es hat zehn Jahre gedauert, bis die israelische Gesellschaft reif für einen solchen Schritt war."

"Ich glaube, dass es meine Verantwortung als Ministerpräsident Israels ist, alles in meiner Macht Stehende zu tun, um die einzigartigen Möglichkeiten zu nutzen, die vor uns liegen, um sich auf den Weg zum Frieden zu machen. Nicht alles kann durch einen Akt getan werden."

Inhalt

Karten

Israel auf einer Weltkarte

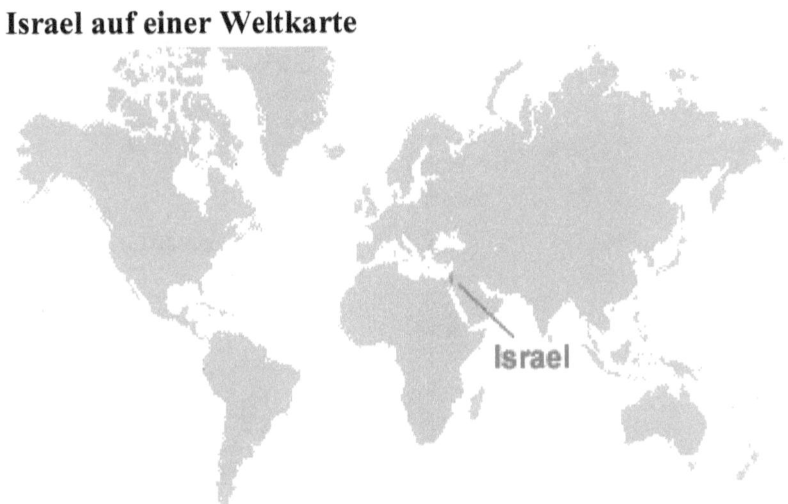

Karten von Palästina, Israel und den besetzten Gebieten im Laufe der Zeit

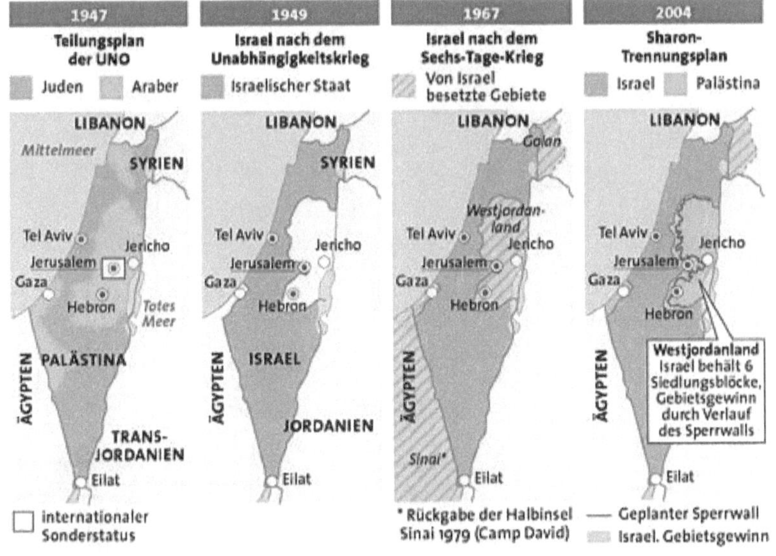

Israel, Gaza, Westjordanland und Golanhöhen

Einleitung

Auf meiner Suche nach der Antwort, warum bestimmte geopolitische Brennpunkte in der Welt existieren; in meinem Neugierde um die Gründe zu kennen, warum einige Länder und die Welt im Allgemeinen plötzliche und dramatische Veränderungen erlebten, die zu Krieg, Instabilität oder einer Neuausrichtung ihrer Innen- und Außenpolitik führten, die nicht nur diese Länder betrafen, sondern auch bestimmte Regionen oder die ganze Welt beeinflussten, habe ich in den letzten Jahrzehnten politische Attentate untersucht, die unsere Welt verändert haben. Mit unserer Welt meine ich unsere Gemeinschaften, Länder, Regionen und die Menschheit als Ganzes.

Bei der Behandlung der verschiedenen Attentate im Laufe der Jahre habe ich einen Ansatz gewählt, der von der politischen Soziologie geprägt ist. Dabei habe ich die historischen und sozialen Faktoren, die nicht nur zu den Attentaten geführt haben, sondern auch aus der Tötung dieser historischen Figuren entstanden sind, genau analysiert. Und aus diesen Faktoren werden uns eine Idee oder Bilder präsentiert, wie sich die betroffene Gesellschaft seit den traumatischen Ereignissen entwickelt hat.

Aus den Rückschlägen, die auf die Ermordung historischer, legendärer oder ikonischer Persönlichkeiten folgten, können wir etwas Nützliches lernen und uns

Szenarien ausdenken oder was als Katastrophen zu erwarten ist, wenn bestimmte Anführer ermordet werden, und entsprechend handeln, um ihre Ermordung zu verhindern.

Kapitel Eins

Jitzchak Rabin

Yitzak Rabin

Jitzchak Rabin wurde am 1. März 1922 in Jerusalem geboren, als es Teil des Mandats des Völkerbundes von Palästina war. Er wurde Israels erster gebürtiger Premierminister und der erste in seiner Geschichte, ermordet werden, wann am 04. November 1995 Yigal Amir, ein 25-jähriger Ultranationalist und Jüdischer religiöser Fanatiker, der gegen die Osloer Abkommen von 1993 war, erschoss ihn aus nächster Nähe am Ende einer Friedenskundgebung in Tel Aviv organisierten.

Das Oslo-Abkommen, das von radikalen Gruppen sowohl in Israelischen als auch in Palästinensischen Gesellschaften abgelehnt wird, ist eine Reihe von Vereinbarungen zwischen der Regierung Israels und der Palästinensischen Befreiungsorganisation (PLO), mit denen der Friedensprozess zur Erreichung eines Friedensvertrages zwischen Israel und den Palästinensern auf der Grundlage der Resolutionen 242 und 338 des Sicherheitsrates der Vereinten Nationen eingeleitet wurde. Die Osloer Abkommen wurde erwartet, dass sie in der Erfüllung der „Recht des Palästinensischen Volkes auf Selbstbestimmung."

Jitzchak Rabins Ermordung durch den jungen Jüdischen Fanatiker warf unweigerlich die Frage auf, ob die Opfer, dass er war bereit, Israel zu führen, zu machen, um Frieden zu erreichen mit den benachbarten Arabischsprachigen Völkern zu erreichen, und Arabische Staaten waren nicht zu viel für Israelische Gesellschaft.

Jitzchak Rabin war dient vor seiner Ermordung seine zweite Amtszeit in Folge als Premierminister Israels. Die Amtszeit, die 1992 begann, sollte 1996 enden. In diesem

Jahr sollte er die Wiederwahl als Kandidat der Labour Party anstreben, um sie bei den allgemeinen Wahlen zum Sieg zu führen.

Der mürrische Jitzchak Rabin wurde von vielen Experten als der größte Stratege aller Generäle in der Geschichte des heutigen Israel angesehen und unter den drei größten Generälen Israels eingestuft. Er war nicht nur der erste gebürtige Israelische Premierminister, sondern auch der zweite sterben im Amt nach Levi Eshkol und dem einzigen Premierminister in der Geschichte Israels, der ermordet wurde.

Jitzchak Rabin trat nach dem (sechstägigen) Krieg von 1967 in die politische Szene Israels ein, den Israel innerhalb von sechs Tagen gewann, indem sie die Armeen Ägyptens, Syriens und Jordaniens in die Flucht schlagen; und indem sie ihre Gebiete erobern und besetzen. Es war ein Krieg, den er als 7. Stabschef der Israelischen Verteidigungskräfte (IDF) leitete. Von 1968 bis 1973, war er Israelischer Botschafter in den Vereinigten Staaten von Amerika, bevor er von 1974 bis 1977 Premierminister Israels wurde. Dies war eine grundlegende Phase auf seinem Weg zum großen Staatsmann.

Als Israels fünfter Premierminister wurde er international respektiert und von den Anhängern der Friedensbewegung in Israel als heiliger Held angesehen, der ihn nicht nur als den General betrachtete, der Israel in Kriegszeiten rettete, sondern auch als den Führer des Landes, der den Friedensprozess mit den Palästinensern begann.

Kapitel Zwei

Wie hat sich Jitzchak Rabin von einem General in einen Friedensstifter verwandelt?

Die Antwort beginnt bei seiner Geburt. Seine Eltern wurden im Shaare Zedek Medical Center in Jerusalem als Sohn Ukrainisch-Jüdischer Einwanderer aus der Dritten Aliyah, der dritten Welle der Jüdischen Einwanderung aus Europa nach Palästina, geboren. Kurz nach seiner Geburt würden sie aus der heiligen Stadt wegziehen und schließlich die neue machen Jüdische weltliche Stadt Tel Aviv ihre neue Heimat. In einem zionistischen Labour-Haushalt in dieser Küstenstadt wurde der junge Jitzchak ab dem Alter von einem Jahr als Sabra oder gebürtiger Jude erzogen. Das war in einer Zeit und in einer Gesellschaft, deren Kinder stark von den zionistischen Idealen ihrer Eltern beeinflusst und sehr früh mobilisiert wurden, um zur Verwirklichung des Ziels eines Heimatlandes für die Juden in Palästina gemäß dem Balfour von 1917 beizutragen Erklärung.

Als Sohn einer Mutter, die eine zentrale Figur im Jüdischen Untergrund war, lernte der junge Rabin in Tel Aviv an den Schulen Beit Hinuch Le Yaldei ha'Ovdim und Givat HaShlosha Landwirtschaft, bevor er sich an der renommierten zweijährigen Kadoorie Agricultural High School einschrieb im Jahr 1937. Aber das war ein Jahr, nachdem er sich der Jüdischen paramilitärischen Organisation Haganah angeschlossen hatte. Dies war der Beginn seiner 27-jährigen Militärkarriere —angefangen als Soldat der Palmach (der Elite-Streitmacht der Haganah, die der Untergrund war Armee der Jüdischen Gemeinde oder Yishuv in Britisch-Palästina). Die Haganah wurde zum Kern der zukünftigen Israelischen Armee, nachdem David Ben Gurion, Israels erster Premierminister, am 14. Mai 1948 die Unabhängigkeit Israels verkündet hatte.

Teilungskarte für Palästina von der Organisation der Vereinten Nationen

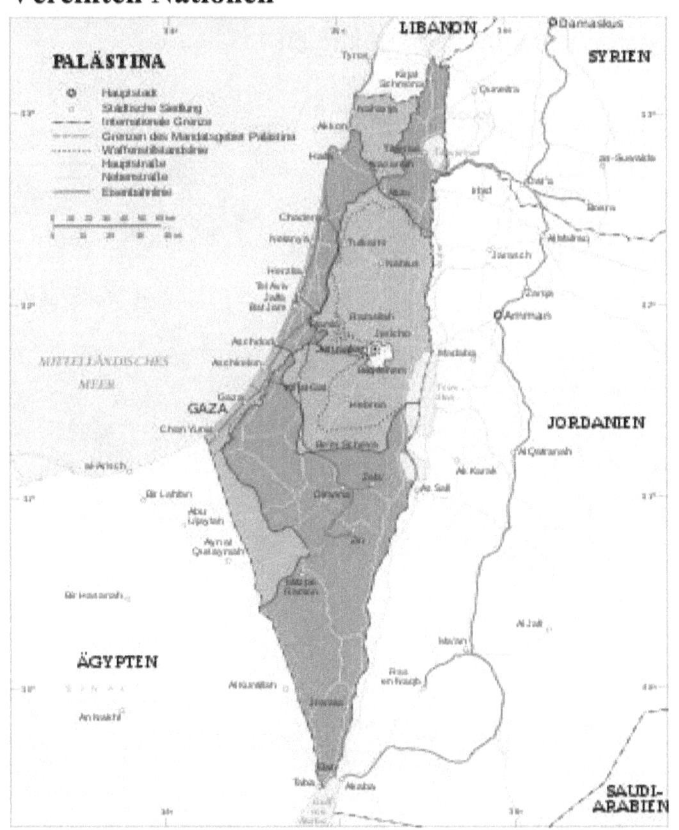

Er zeichnete sich in den frühen Stadien des Ersten Arabisch-Israelischen Krieges vom 15. Mai 1948 bis März 1949 als Brigadekommandeur, und rückte dann in den Reihen der Israelischen Verteidigungskräfte (IDF, auf, die am 26. Mai 1948 aus gebildet wurden die Haganah und die militanten Gruppen Irgun und Lehi), bevor sie gegen Ende des Krieges Einsatzleiter der Südfront wurden, eine Position, die ihm einen Platz als Mitglied der Israelischen Delegation bei den Israelisch-ägyptischen Waffenstillstandsgesprächen einbrachte auf der Insel Rhodos in den USA, Dies führte zu den Waffenstillstandsabkommen von 1949, die den Ersten Arabisch-Israelischen Krieg beendeten.

Israel zu Beginn des Ersten Arabisch-Israelischen Krieges

Karte der Teilung Palästinas durch die Vereinten Nationen, des Ersten Arabisch-Israelischen Krieges und seiner Folgen

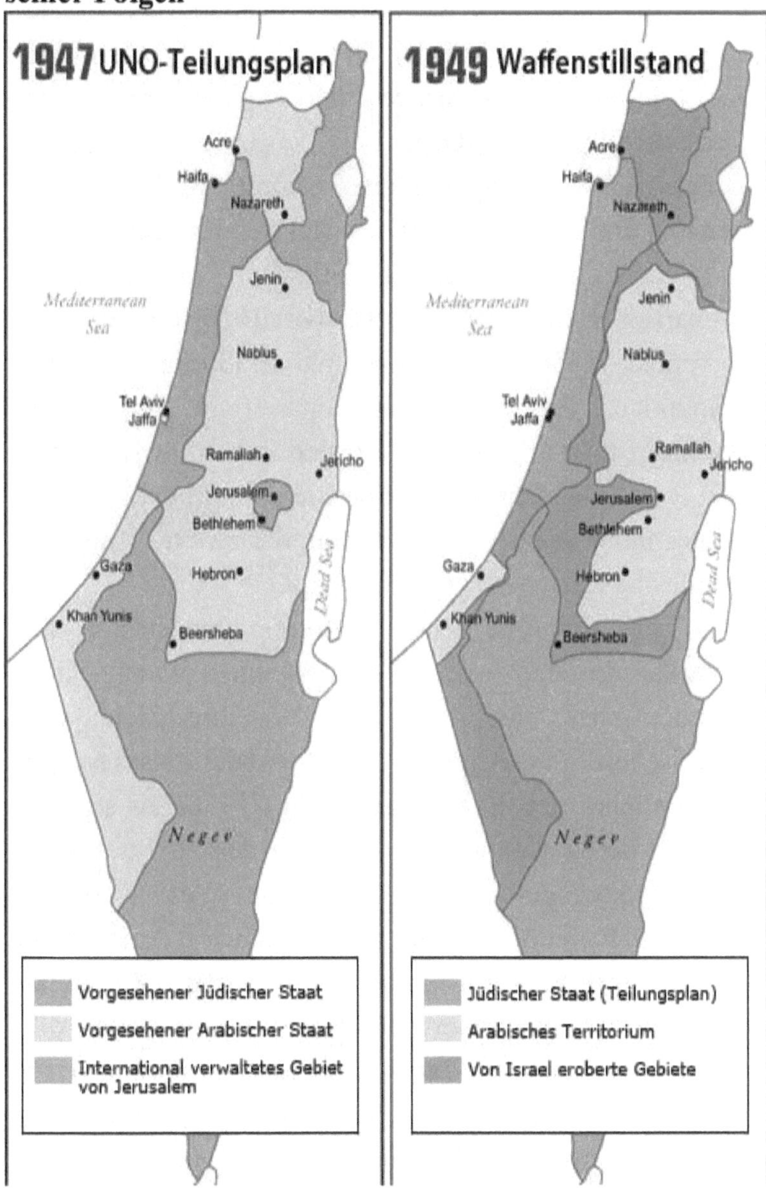

Jitzchak Rabin wechselte nach dem ersten Arabisch-Israelischen Krieg oder dem Israelischen Unabhängigkeitskrieg als ältestes ehemaliges Mitglied von Palmach, das nach der Demobilisierung nach dem Krieg in der neuen Armee blieb, in die Israelischen Verteidigungskräfte (IDF).

Jitzchak Rabin spielte eine zentrale Rolle bei der Planung und Durchführung des nächsten Krieges Israels, als die Israelischen Streitkräfte in Ägypten einmarschierten vom 29. Oktober 1956 bis zum 7. November 1956 im Bündnis mit Großbritannien und Frankreich, Eroberung des Sinai (eine ägyptische Halbinsel im Nahen Osten, die sich in ganz Afrika über das Rote Meer und den Suezkanal befindet) in der sogenannten Suez-Krise eroberten, der zweite Arabisch-Israelische Krieg sonst genannt wird.

Als der politische Druck der Vereinigten Staaten von Amerika die drei einfallenden Nationen zwang, ihre Truppen abzuziehen, vereitelte dies ihre Ziele, den ägyptischen Präsidenten Gamal Abdel Nasser (er verstaatlichte den Suezkanal im Juli 1956) zu stürzen und die Kontrolle über den Suezkanal zurückzugewinnen für die westliche Welt, verstand Rabin die Rolle der Vereinigten Staaten von Amerika in der Weltpolitik vollständig. Zu diesem Zeitpunkt erkannte er die Notwendigkeit, dass Israel die Vereinigten Staaten von Amerika bei künftigen Bemühungen fest an seiner Seite hat, die weitreichende Auswirkungen auf die aufstrebende Nation haben würden.

Die Suez-Krise auch bekannt als Zweiter Arabisch-Israelischer Krieg bezeichnet

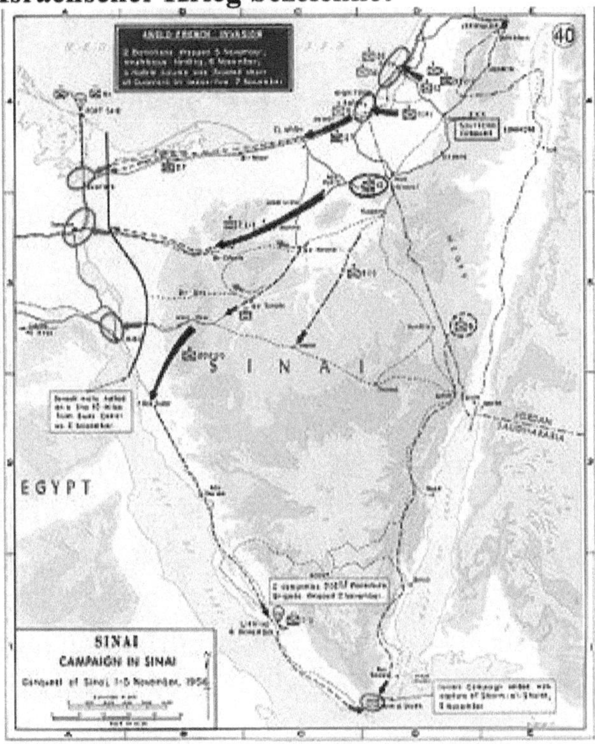

Kapitel Drei

Jitzchak Rabins Vermögen in der Armee stieg am schnellsten, nachdem David Ben Gurion 1963 die Israelische politische Szene verließ, indem er als Premierminister zurücktrat. Ihm folgte Levi Eshkol. Der General Rabin zeichnete sich nach seiner Ernennung zum Generalstabschef im Jahr 1964 in der IDF noch weiter aus, als er die Veränderungen in der Armee überwachte, die zum Sieg Israels im Sechs-Tage-Krieg von 1967 führten, obwohl der Verteidigungsminister Moshe Dayan bekam den größten Teil des Kredits dafür.

Der Sieg der Israelischen Verteidigungskräfte (IDF) über die Armeen Ägyptens, Jordaniens und Syriens sowie die Eroberung der Sinai-Halbinsel und des Gazastreifens, des Westjordanlandes und Ostjerusalems sowie der Golanhöhen aus diesen Ländern jeweilig, vergrößerten das Territorium Israels mehr als dreifach, und den Stolz und das Vertrauen des Jüdischen Staates in unvorstellbare Höhen gestärkt. Die besten Militärs wurden zu Prominenten in ihren eigenen Rechten.

Karte der territorialen Veränderungen nach dem Sechs-Tage-Krieg von 1967

In diesem Ruhm zog sich Rabin aus der IDF zurück und wechselte in die Politik. Die Regierung des 3. Israelischen

Premierministers Levi Eshkol nutzte seinen Ruhm und ernannte ihn 1968 zum Israelischen Botschafter in den Vereinigten Staaten von Amerika. Jitzchak Rabins Amtszeit als Israelischer Botschafter in den Vereinigten Staaten von 1968 bis 1973 war eine Zeit der Vertiefung der USA-Israelischen Beziehungen, dass selbst Levi Eshkols Tod am 26. Februar 1969 nie langsamer wurde. Und Jitzchak Rabin erhält die verdiente Anerkennung für die verstärkten Beziehungen zwischen den USA und Israel, die sich während des Jom-Kippur-Krieges vom 6. bis 25. Oktober 1973, auch als dritter Arabisch-Israelischer Krieg bekannt, als besonders hilfreich erwiesen haben, da er militärische Hilfsgüter sicherte, die halfen Israel vermeidet eine Niederlage durch eine von Ägypten und Syrien angeführte Koalition Arabischer Staaten.

Rabin kehrte aus den USA nach Israel zurück und wurde 1974 nach dem Rücktritt von Levi Eshkols Nachfolgerin Golda Meir zum Premierminister des Landes ernannt, deren Führung weitgehend für die Rückschläge verantwortlich gemacht wurde, die die Israelischen Verteidigungskräfte in den ersten Tagen des Jom-Kippur-Krieges, als die ägyptischen und syrischen Armeen in den frühen Kriegsphasen auf der Sinai-Halbinsel und in den Golanhöhen einige Gewinne erzielten. Das war, bevor sie von einem Israelischen Gegenangriff auf die Waffenstillstandslinien der Vorkriegszeit und darüber hinaus zurückgedrängt wurden und bis die Vereinigten Staaten von Amerika und die Sowjetunion einen zweiten Waffenstillstand ausarbeiteten, den sie den Kriegsparteien auferlegten und damit herbeiführten ein Ende des Krieges.

Karte von Israel, Ägypten und Syrien nach dem Jom-Kippur-Krieg

Der erste große Höhepunkt in Jitzchak Rabins ersten Jahren

als Premierminister Israels war die Unterzeichnung des Sinai-Interimsabkommens zwischen Ägypten und Israel am 4. September 1975, in dem festgestellt wurde, dass ihr Konflikt "nicht mit militärischer Gewalt, sondern mit friedlichen Mitteln gelöst werden soll...", und forderte Israel außerdem auf, Platz "...für einen weiteren Entzug auf dem Sinai und eine neue UN-Pufferzone zu schaffen.". Das Abkommen bekräftigte nicht nur das Engagement beider Länder, um die Resolution 338 der Vereinten Nationen zur Lösung der Israelischen Besetzung der Sinai-Halbinsel einzuhalten, ebnete sie auch den Weg für eine eventuelle Friedensregelung, indem sie die diplomatischen Beziehungen zwischen Ägypten, Israel und den Vereinigten Staaten von Amerika pflegte.

Der zweite große Höhepunkt seiner ersten Amtszeit als Premierminister war die Anordnung des Entebbe-Überfalls, der auch als "Operation Entebbe" oder "Operation Thunderbolt" bezeichnet wird. Dies war die erfolgreiche Anti-Terror- und verdeckte Geiselrettungsmission mit großer Reichweite, die von IDF-Kommandos durchgeführt wurde und 248 Passagiere des Air France Airbus A300-Flugzeugs befreite, von denen die meisten Israelis waren, die als Geiseln am Flughafen in Entebbe festgehalten wurden, Uganda, von zwei Mitgliedern der Volksfront für die Befreiung Palästinas — Außenoperationen (PFLP-EO) und von zwei Mitgliedern der Revolutionszellen (einer der gefährlichsten linken Terroristengruppen Deutschlands), die alle zusammenarbeiteten.

Rabin würde am 8. April 1977 sein Amt niederlegen und sich dann aus der Parteiführung und aus der Kandidatur für den Premierminister für die bevorstehenden Parlamentswahlen zurückziehen. Dies geschah nach dem Finanzskandal von 1977, der sich aus Enthüllungen ergab, dass er gegen Israelische Währungsvorschriften verstoßen hatte, indem er ohne vorherige Genehmigung ausländische Bankkonten unterhielt, obwohl er in den Jahren seiner Tätigkeit in den USA die Konten bei einer Bank in Washington, DC, eröffnet hatte als Israels Botschafter (1968–73), und obwohl die beiden Bankkonten nur zehntausend Dollar enthielten.

Kapitel Vier

Die oppositionelle Likud-Partei unter Menachem Begin würde die Israelische Parlamentswahl im Mai 1977 gewinnen, und die Labour Party würde sich zum ersten Mal in der Israelischen Geschichte in der Opposition befinden. Auf diese Weise befand sich Jitzchak Rabin am Rande, als die neue Regierung von Menachem Begin, unterstützt vom Helden des Jom-Kippur-Krieges von 1973, Ariel Sharon, das von den USA gesponserte Camp David-Abkommen mit dem ägyptischen Präsidenten Anwar Sadat aushandelte und unterzeichnete friedliche Beilegung des ägyptisch-Israelischen Flügels des Arabisch-Israelischen Konflikts. Dem Abkommen, das vom 39. Präsidenten der Vereinigten Staaten, Jimmy Carter, vermittelt wurde, folgte sechs Monate später die Unterzeichnung des Friedensvertrags zwischen Ägypten und Israel am 26. März 1979. Der Vertrag brachte Folgendes zustande:

- ein Durchbruch in den Beziehungen zwischen Ägypten und Israel durch eine gegenseitige Anerkennung, die Ägypten zum ersten Land in der Arabischen Welt machte, das die Existenz Israels anerkannte.

- eine Normalisierung der Beziehungen zwischen Israel und Ägypten

- ein Ende des drei Jahrzehnte dauernden Kriegszustands zwischen Israel und dem bevölkerungsreichsten Staat der Arabischen Welt.

- den vollständigen und totale Abzug aller Israelischen Militär- und Sicherheitskräfte von der

Sinai-Halbinsel.

Ägypten seinerseits erklärte sich bereit, die Sinai-Halbinsel zu einer entmilitarisierten Zone mit vereinbarten Regeln für die Bewältigung des Bedarfs an mehr Sicherheit in der Region zu machen.

Die Tatsache, dass die Labour Party jetzt in der Opposition war, hielt Jitzchak Rabin nicht davon ab, eine aktive Rolle in der Israelischen Politik zu spielen. Nach seinem Rücktritt blieb er in den Korridoren der Macht, indem er Mitglied der Knesset war und bis 1984 im Ausschuss für auswärtige Angelegenheiten und Verteidigung saß. Tatsächlich war er von 1984 bis 1990 Israels Verteidigungsminister in den Regierungen der nationalen Einheit, die von den Premierministern Jitzchak Shamir und Shimon Peres geführt wurden, einschließlich der Jahre der Ersten Intifada — die von 1987 bis 1991 intensiv, und zurückhaltend von 1991-1993.

Die Erste Intifada war eine unerbittliche Reihe Palästinensischer Proteste und gewaltsamer Unruhen gegen die zwei Jahrzehnte alte Israelische Besetzung des Gazastreifens und der Westbank, die im Sechs-Tage-Krieg aus Ägypten bzw. Jordanien erobert wurden. Im zweiten Jahr der Intifada kam er nach einem Gespräch mit Palästinensern verschiedener Lebensbereiche zu dem Schluss, dass der Konflikt mit den Palästinensern nur mit politischen Mitteln gelöst werden könne. Er artikulierte dies einem Interviewer 1989 kurz und bündig mit den folgenden Worten: *"Die Lösung kann nur eine politische sein."*

Die historische Phase von Jitzchak Rabins politischer

Karriere begann jedoch 1992, als er auf einer Plattform zur Akzeptanz des Israelisch-Palästinensischen Friedensprozesses als Premierminister Israels wiedergewählt wurde. Die Madrider Friedenskonferenz vom 30. Oktober bis 1. November 1991, die von Spanien ausgerichtet und von den Vereinigten Staaten von Amerika und der Sowjetunion gesponsert wurde, in dem Bestreben der internationalen Gemeinschaft, den Friedensprozess zwischen Israel und den Palästinensern sowie zwischen Israel und anderen Arabischen Ländern wie Jordanien, Libanon und Syrien wiederzubeleben, setzte Rabin eine Dynamik in Gang, auf die Rabin unbedingt aufbauen wollte. Er dachte, die Bedingungen in der Region seien reif, um Frieden zu schließen, als er am 13. Juli 1992 der Israelischen Knesset (Parlament) Folgendes sagte: „In der gegenwärtigen Realität gibt es nur zwei Möglichkeiten: Entweder werden ernsthafte Anstrengungen unternommen, um Frieden mit der Sicherheit zu schließen ... oder wir werden für immer nach dem Schwert leben."

Er würde auf seinen Worten aufbauen und den Weg für eine Suche nach Frieden zu einem offiziellen Unterfangen machen, einer Initiative, aus der das Osloer Abkommen am 13. September 1993 hervorging. So entstand erstmals im Nahen Osten die Aussicht auf einen umfassenden Frieden.

Jitzchak Rabin, Israels General, der den erfolgreichsten Krieg in der Geschichte Israels leitete, überzeugte die Welt, dass er während einer Rede auf dem US-Kongress am 26. Juli 1994 in Anwesenheit von einem überzeugten Verfechter des Friedens zwischen Israel und der Arabischen Welt geworden Der König von Hussein bin

Talal von Jordanien, der Präsident der Vereinigten Staaten, Bill Clinton, und die dort versammelten Gesetzgeber versammelten sich, als er erklärte:

„Ich, Militärausweis Nr. 30743, in der Vergangenheit pensionierter General der Israelischen Verteidigungskräfte, betrachte mich heute als Soldaten in der Armee des Friedens. Ich, der ich 27 Jahre lang als Soldat meinem Land gedient habe, sage ich Ihnen, Ihrer Majestät, dem König von Jordanien, ich sage Ihnen, unseren Amerikanischen Freunden, heute beginnen wir eine Schlacht, die keine Toten und keine Verwundeten hat, das hat kein Blut und keine Angst. Dies ist die einzige Schlacht, die ein Vergnügen ist, den Kampf um den Frieden. "

Kein Wunder also, dass Jitzchak Rabin am 14. Oktober 1994 zusammen mit seinem langjährigen politischen Rivalen Shimon Peres von der Labour Party und dem Palästinensischen Führer Yasser Arafat den Friedensnobelpreis 1994 gewann. Als Israel am 26. Oktober 1994, ein Jahr nach dem Oslo-Abkommen, einen Friedensvertrag mit dem Haschemitischen Königreich Jordanien unterzeichnete und Rabin seinem König die Hand schüttelte, unter dessen Herrschaft er 1967 die Eroberung der Westbank von Jordanien aus angeführt hatte, die Welt wurde optimistisch, dass er Israel dazu bringen würde, einen allgemeinen Frieden im Nahen Osten zu verwirklichen. Während Rabin auf eine endgültige Einigung mit den Palästinensern zusteuerte, strebte er auch eine Friedensregelung mit den Syrern über die Golanhöhen an, die Israel im Krieg von 1967 aus Syrien eroberte. Zuversichtlich über die Aussichten auf Frieden sagte er während eines Nobelpreisvortrags am 10. Dezember 1994 vor einem Publikum: „Es gibt nur ein radikales Mittel, um Menschenleben zu heiligen. Keine gepanzerte Beschichtung oder Panzer oder Flugzeuge oder Betonbefestigungen. Die einzige radikale Lösung ist der Frieden.“

Die Kräfte, die den Israelisch-Palästinensischen Friedensprozess ruinieren wollten, schienen 1995 nicht aufzuhalten, als die Palästinensische militante Gruppe Hamas eine unerbittliche Kampagne von Selbstmordattentaten gegen Israelis durchführte und die rechten Kräfte in Israel gegen den Israelischen Premierminister kämpften sein Sturz und ein Ende des Friedensprozesses. Als er sagte: "Wir müssen den Terrorismus bekämpfen, als gäbe es keinen Friedensprozess, und daran arbeiten, Frieden zu erreichen, als gäbe es keinen Terror...", Er war bekräftigte lediglich seine Entschlossenheit, trotz der Terroranschläge extremistischer Palästinensischer Gruppen ein Friedensabkommen mit den Palästinensern zu schließen.

Einige in Israel und im Rest der Welt sahen die Ermordung von Jitzchak Rabin kommen, als Yigal Amir ihn am 4. November 1995 um 21:30 Uhr am Ende einer Kundgebung zur Unterstützung der Oslo-Abkommen auf dem Platz der Könige von Israel mehrmals erschoss, Tel Aviv. Er starb auf dem Operationstisch an schwerem Blutverlust und einer Lungenverletzung innerhalb von 40

Minuten, nachdem er von Yigal Amir erschossen worden war, kaum eine Stunde nachdem er den Glauben des Friedenslagers in Israel mit diesen denkwürdigen Worten gestärkt hatte:

„Ich war siebenundzwanzig Jahre lang Soldat. Ich habe gekämpft, solange es keine Aussicht auf Frieden gab. Heute glaube ich, dass es Aussichten auf Frieden gibt, große Aussichten. Wir müssen dies für diejenigen nutzen, die hier stehen, und für diejenigen, die nicht hier stehen. Und sie sind viele unter unseren Leuten.“

Jitzchak Rabins Beerdigung fand am 6. November 1995 auf dem Friedhof am Berg Herzl in Jerusalem statt, wo er zur Ruhe gelegt wurde. An den Zeremonien nahmen Hunderte von Weltführern teil, darunter rund 80 Staatsoberhäupter.

Kapitel Fünf

Jitzchak Rabin, der bemerkenswerte Soldat, der sich für den Frieden einsetzte, ist seit seinem Tod durch die von einem Attentäter abgefeuerten Kugeln zum Symbol des Israelisch-Palästinensischen Friedensprozesses geworden, der gegen die Natur des Friedens zwischen Israelis und Palästinensern war, für die sich der große Israelische General und Staatsmann stand für.

Heute gibt es kein endgültiges Friedensabkommen zwischen Israel und den Palästinensischen Gebieten. Israel wurde von seinen rechten politischen Kräften entführt, die jetzt die Regierung und das Militär kontrollieren. Die Hamas regiert jetzt Gaza, und die Palästinensische Behörde befindet sich in einem Zustand der Hilflosigkeit, wie es etwa die Hälfte steuert des Palästinensischen Territoriums im Westjordanland.

Im Ausland wurden Straßen und Plätze nach dem ermordeten Israelischen Ministerpräsidenten in den Deutschen Städten Bonn und Berlin benannt; in den US-Städten Chicago, Miami und New York; in der

Spanischen Hauptstadt Madrid und in der Ukrainischen Stadt Odessa. Sein Name ist in Parks in der kanadischen Stadt Montreal, in der Französischen Hauptstadt Paris, in der Italienischen Hauptstadt Rom und in der peruanischen Stadt Lima bekannt.

In Israel tragen Brücken, Parks, Nachbarschaften, Schulen, Straßen, Regierungskomplexe, Kraftwerke, Synagogen und Grenzübergänge den Namen von Jitzchak Rabin. Eine Bibliothek und ein Forschungszentrum namens Jitzchak Rabin Center wurden zum Gedenken an den ermordeten Israelischen Premierminister errichtet. Sein Name wird in Musik, Briefmarken, der Israeli Defence Force (IDF) und in Hochschulen in Israel und im Ausland geehrt. Das Gedenken an den Tag der Ermordung von Jitzchak Rabin als seinen offiziellen Gedenktag wird von den meisten Israelis als höchste Anerkennung seiner Bedeutung in der Israelischen Geschichte angesehen. Als er 2005 posthum den Dr. Rainer Hildebrandt-Menschenrechtspreis erhielt, der jedes Jahr an seine Empfänger für ihr außergewöhnliches, gewaltfreies Engagement für die Menschenrechte verliehen wird, waren viele Menschen nicht überrascht.

Es gibt eine Denkschule, die besagt, dass Jitzchak Rabin, wenn er nicht ermordet worden wäre, die nächsten Parlamentswahlen gewonnen und sein neues Mandat genutzt hätte, um eine endgültige Friedensregelung mit der Palästinensischen Behörde unter ihrem Vorsitzenden Yasser Arafat zu erreichen, die hätte dem Nahen Osten Frieden gebracht und die radikal-islamischen Gruppen in einem Prozess untergraben, der Folgendes verhindert hätte:

- Terroranschläge vom 11. September 2001 in den USA

- der daraus resultierende Krieg gegen den Terror, in dem die Vereinigten Staaten in Afghanistan und im Irak einmarschierten

- der Krieg zwischen der Hamas und der Palästinensischen Autonomiebehörde, der zur Eroberung des Gazastreifens durch die Hamas führte

- der Arabische Frühling

- die Bürgerkriege in Libyen und im Jemen

- der Aufstieg der terroristischen militärischen und politischen Organisationen, inspiriert von der dschihadistischen salafistischen Ideologie, bekannt als Islamischer Staat (IS), aber auch bekannt als Islamischer Staat Irak und Syrien (ISIS) oder Daesh auf Arabisch

- und der Bürgerkrieg in Syrien.

Es gibt noch eine andere Denkrichtung, nach der Yasser Arafat Rabin im Stich gelassen hätte. Diese Gruppe ist überzeugt, dass der Palästinensische Führer niemals die Absicht hatte, einen endgültigen Frieden mit Israel zu schließen. Der Hauptbefürworter dieser Meinung ist Ehud Barak, der als Israelischer Premierminister vom

06. Juli 1999 bis 07. März 2001 an die Macht kam und versprach, Rabins Traum durch den Abschluss des Friedens zwischen Israel und den Palästinensern zu verwirklichen. Ehud Barak machte Yasser Arafat für das Scheitern des Camp David-Gipfels 2000 verantwortlich, der eine endgültige Lösung des Israelisch-Palästinensischen Konflikts bewirken sollte, und behauptete, dass Yasser Arafat niemals beabsichtigte, eine Einigung über die endgültigen Statusfragen zu erzielen in Bezug auf:

- Sicherheitsvorkehrungen zwischen Israel und dem künftigen Palästinensischen Staat

- Jüdische Siedlungen in den Palästinensisch besetzten Gebieten Westjordanland und Gaza in einem späteren Palästinensischen Staat

- Jerusalems Tempelberg, von den Muslimen auch Haram esh-Sharif (al-Ḥaram aš-Šarīf) al-Ḥaram aš-Šarīf genannt, die gilt als heiligste Stätte im Judentum und als drittheiligste Stätte im Islam

- Flüchtlinge und Palästinensisches Rückkehrrecht nach Israel

- und Jerusalem (die Art seiner Teilung und Souveränität)

Die Esplanade der Moscheen, auf Arabisch als Bayt al-Maqdis oder al-Ḥaram aš-Šarīf bekannt, was "Das edle Heiligtum" bedeutet, und von den Juden als Tempelberg, besteht aus dem Felsendom, der Al-Aqsa-Moschee und rechts, unterhalb der Promenade befindet sich die Klagemauer

Das Scheitern des Camp David-Gipfels, Palästinensische Aufstachelungen und der Besuch des Israelischen Likud-Parteivorsitzenden Ariel Sharon am 28. September 2020 im Tempelbergkomplex (in dem sich der Felsendom und die Al-Aqsa-Moschee befinden), als Erklärung der Israelischen Souveränität über die heilige Stätte löste Palästinensische Unruhen aus, die die Zweite Intifada auslösten.

Auf der Rückseite der zweiten Intifada, die auch als Al-Aqsa-Intifada bezeichnet wird, nutzte Ariel Sharon die hartnäckigen Gefühle und wachsenden Sicherheitsbedenken in Israel und besiegte den amtierenden Israelischen Regierungschef Ehud Barak bei den Wahlen zum Premierminister am 6. Februar 2001. Die zweite Intifada würde am 08. Februar 2005 enden, kaum drei Monate nach dem Tod von Yasser Arafat am 11. November 2004.

Israel unter seiner harten Linie Premierminister Ariel Sharon würde alle Jüdischen Siedler und das Israelische Militär aus dem Gazastreifen abziehen, die Palästinensische militante Gruppe Hamas würde die Palästinensische Autonomiebehörde im Gazastreifen im militärischen Konflikt vom 10. Juni 2007 bis 15. Juni 2007 im Gazastreifen zwischen Hamas und Fatah Kräfte. Dies geschah nach dem Machtkampf zwischen den beiden, nachdem die Fatah die Parlamentswahlen 2006 im Gazastreifen an die Hamas verloren hatte. Die Übernahme des Gazastreifens durch die Hamas führte zum Zusammenbruch der Regierung der Palästinensischen Einheit, so dass die Palästinensischen Gebiete unter Palästinensischer Kontrolle nun in zwei De-facto-Einheiten aufgeteilt sind — den Gazastreifen unter der Kontrolle der Hamas, und das Westjordanland, wo Etwa die Hälfte des Territoriums steht unter der Kontrolle der Palästinensischen Autonomiebehörde, die von der Fatah dominiert wird.

Obwohl die Linke seit 2001 in Israel nie mehr an die Macht zurückgekehrt ist und Israel während der Zweiten Intifada eine Barriere im Westjordanland errichtet hat, weil es für notwendig hielt, die Welle der politischen Morde (Selbstmordattentate und Schießereien) innerhalb Israels, die von Palästinensern aus dem Westjordanland durchgeführt wurden. Obwohl andere Friedenspläne keinen Friedensvertrag zwischen Israel und den Palästinensern zustande gebracht haben, würde Rabins Traum vom Frieden mit der Arabischen Welt einen Schritt nach vorne machen, als die Vermittlung der Vereinigten Staaten am 13. August 2020 die Vereinigten Arabischen Emirate (VAE) anführte) Normalisierung der Beziehungen zu Israel durch Abschluss des „Friedensabkommens von Abraham: Friedensvertrag, diplomatische Beziehungen und vollständige Normalisierung zwischen den Vereinigten Arabischen Emiraten und dem Staat Israel", auch „Abraham-Abkommen" genannt. Dem Abkommen folgte am 15. September 2020 die Unterzeichnung eines Friedensvertrages zwischen Israel und den Vereinigten Arabischen Emiraten. Damit waren die Vereinigten Arabischen Emirate nach Ägypten und Jordanien das dritte Land in der Arabischen Welt, um den Frieden mit Israel zu schließen und mit ihm in wirtschaftlichen Fragen zusammenzuarbeiten, Diplomatie und an anderen Fronten.

Jitzchak Rabin, der Sabra, der sein ganzes Leben lang als Soldat, Politiker und Staatsmann dem Land seiner Geburt und seines Landes diente, hätte Yasser Arafat zwingen können, seine inneren Hemmungen zu überwinden, und die Opfer für den Frieden bringen, die notwendig waren, um einen unabhängigen Palästinensischen Staat zu gründen; und Jitzchak Rabin hatte das Vertrauen, den Respekt und die Ehrfurcht der Arabischen Welt, argumentieren einige Experten. Was auch immer die Spekulation sein mag, der schüchterne Junge, der einer der größten Militärführer Israels und das Zentrum seiner langen Reise zum Frieden mit seinen Arabischen und Muslimischen Nachbarn wurde, wird für immer von denen

getrauert werden, die vom Frieden zwischen Israel und den
Arabern und Muslimen träumen oder geträumt haben
Welten.

**Jitzchak Rabin von Israel, Bill Clinton von den USA
und der Palästinensische Führer Yasser Arafat bei der
Unterzeichnung des Osloer Abkommens**

**Jitzchak Rabin von Israel und König Hussein von
Jordanien**